PREMIÈRE ÉDITION

PARIS — 20, rue du Croissant, 20. — PARIS

LES

SCANDALES JUDICIAIRES

L'AFFAIRE DE LA RUE DE LA PAIX

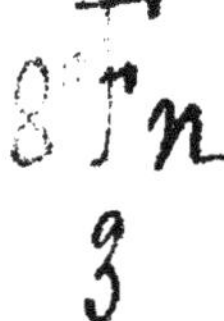

PARIS — IMPRIMERIE NOUVELLE (ASSOCIATION OUVRIÈRE), 11, RUE CADET.
G. MASQUIN, DIRECTEUR.

LES

SCANDALES JUDICIAIRES

PAR

MARC LAPIERRE

L'AFFAIRE DE LA RUE DE LA PAIX

> La vérité, rien que la vérité et toute la vérité.

PARIS
20, RUE DU CROISSANT, 20
1884

A MON EXCELLENT AMI

LE DOCTEUR DREYER DUFER

M. L.

AVANT-PROPOS

Le 29 décembre 1883, un homme, presque un vieillard, se présentait chez un jeune avoué, sans aucune notoriété au Palais, et là, froidement, lui logeait deux balles dans le corps.

Tel est le fait brutal que les journaux rapportaient le soir même et le lendemain matin, en y ajoutant diverses versions, toutes plus ou moins fantaisistes.

En lisant le nom du meurtrier dans la France, *je me souvins qu'en 1882 cet homme était venu me solliciter. A l'époque, je traitais la partie judiciaire dans un journal du matin. Il m'avait demandé, avec un accent dont la sincérité m'avait frappé, de signaler à l'attention publique l'inique jugement que le tribunal de la Seine venait, disait-il, de rendre contre lui.*

La loi du 27 juillet 1881 trace des limites et le publiciste ne peut s'en écarter.

S'il ne s'était agi que de critiquer les agissements de fonctionnaires ou autres individus dé-

positaires des pouvoirs de l'Etat, j'aurais pu, si j'en avais possédé la preuve, porter à la connaissance des lecteurs certaines irrégularités, certains faits qui, tout d'abord, m'avaient paru monstrueux. Mais, à côté du tribunal ayant prononcé le jugement, il fallait nommer une personne privée, premier et peut-être seul auteur de tout mal, et c'était précisément ce que le législateur avait défendu.

Je m'abstins donc.

Depuis, à plusieurs reprises, je rencontrais cet homme.

Sa démarche agitée, nerveuse, son œil fixe, fiévreux, égaré, indiquait qu'une pensée unique le dominait. Chaque jour sa barbe et sa chevelure, jadis noires, s'argentaient davantage.

Une douleur sourde, supportée avec l'énergie du désespoir, semblait le miner.

C'est ainsi que son souvenir me revint.

Devinant un de ces drames dont la cause serait certainement dénaturée, je résolus d'en connaître les moindres détails et surtout le mobile.

Je vis Mme Pagot.

Elle me donna non seulement des éclaircissements, mais encore voulut bien me confier certaines pièces établissant la véracité de ses allégations.

Armé de ces preuves, je remis à trois journaux,

le Figaro, le Clairon et le Gaulois, *la version exacte, version qui fut insérée le 7 janvier. En même temps, je prévins les rédacteurs, MM. Rety, Vincent Cornély et Margat que je tenais à leur disposition les pièces justificatives.*

Cette version fut reproduite par toute la presse.

Alors Mme Lejeune, se voyant démasquée, écrivit d'abord au Figaro, *et ensuite à d'autres feuilles, une lettre où elle prétendait que la bonne foi des journaux avait été surprise. Chose étrange, elle avait attendu deux jours pour s'en apercevoir.*

Mais elle fit mieux, elle glissa adroitement dans sa missive l'énonciation de deux ecclésiastiques désignés d'une façon anonyme. Elle espérait peut-être que la presse se diviserait, et obtenir ainsi l'appui des journaux conservateurs. Elle fut déçue, car le Clairon, *organe religieux par essence, ajouta simplement, après avoir inséré sa lettre : « Maintenant, attendons les débats. »*

Plus tard, dans la correspondance de M. Lejeune, nous retrouverons un des prêtres dont aujourd'hui Mme Lejeune croit devoir se faire un porte-respect. Nous verrons, à ce moment, quelle créance il faut accorder aux affirmations de cette dame.

C'est donc en présence de sa lettre, profondément jésuitique, que je résolus d'écrire l'historique de l'affaire. Du reste, un autre danger menaçait.

J'appris qu'on cherchait, afin d'éviter un débat public, à faire déclarer Payot atteint de folie.

La chose était facile. Il s'agissait seulement d'employer le grand levier moderne : l'argent. Pagot et sa famille étaient et sont encore dans une gêne extrême. Pour faire vivre les siens, ce malheureux n'accepterait-il pas une forte indemnité additionnée d'un séjour de quelques semaines à Ville-Evrard ? C'était possible, et pourtant il ne fallait pas que cela soit.

Dans l'intérêt de l'accusé, et surtout dans l'intérêt de la justice française, le public doit assister à toutes les phases de la tragédie des assises. Devant ce tribunal suprême, personne ne pourra se dérober à la responsabilité de ses actes.

C'est pourquoi je ne me contente pas seulement de publier le récit de cette longue affaire, mais aussi je joins des pièces à l'appui.

Ceux des lecteurs qui voudront bien me suivre jusqu'au bout reconnaîtront, je l'espère, qu'il n'y a dans tout ceci ni questions religieuses ni questions politiques, et que Pagot, jusqu'au jour où il s'est fait justice lui-même, est demeuré digne des sympathies de tous.

Quant à ses adversaires..., l'opinion est juge du camp.

Avant de clore cet avant-propos, je tiens à prendre l'engagement de me souvenir que Mme Lejeune est femme, et qu'elle est à un âge où habituellement nos grand'mères vivent entourées du respect de leurs enfants. Du reste, je n'irai point au fond des choses; je me sers de gants, mais non de pincettes.

MARC LAPIERRE.

Paris, 20 janvier 1884.

LES

SCANDALES JUDICIAIRES

L'AFFAIRE DE LA RUE DE LA PAIX

I

Les acteurs du drame.

Voici quelques notes biographiques à leur sujet.

BENOIT-LUCY — de son nom personnel Benoît tout court. — Petit avoué sans aucune importance, a succédé il y a quatre ou cinq ans à son oncle, Me Huet. Peu de temps après, a épousé Mlle Lucy, et pour se distinguer de son grand confrère Me Benoist, a joint à son nom celui de sa femme.

Précaution fort inutile, car aucune confusion ne pouvait être faite.

Le père de Mme Benoit-Lucy, ancien commissaire de police de la ville de Paris.

M. Lucy a joué un rôle très actif lors du coup d'Etat; l'empire l'en a généreusement récompensé.

Pagot. — Ancien lieutenant au 3e escadron du train des équipages militaires; a fait les campagnes d'Afrique, de Crimée et d'Italie. Dix-huit ans de service. A donné sa démission le 9 octobre 1863, à la suite d'un coup de tête. Pendant la guerre, quoique marié et père de famille, il reprit du service; il était lieutenant commandant la 18e compagnie du 1er régiment du train des équipages. Caractère opiniâtre et très énergique, s'irritant de la moindre injustice. En quittant l'armée, s'établit photographe, puis fait du contentieux. Sans connaissances juridiques sérieuses. Pourtant était arrivé à se créer un cabinet de recouvrement et de receveur de rentes très productif. Fort honnête homme. Passé sans tache. Aujourd'hui âgé de cinquante-sept ans. Marié en secondes noces et père de deux enfants.

Mme Lejeune. — Sa jeunesse se perd dans la nuit des temps. Vers 1848, elle faisait prononcer sa séparation de biens par le tribunal de la Seine.

Elle est d'origine suédoise. Comme beaucoup de gens du Nord, elle exige de ceux qui la servent une obéissance passive. Sa haine ne désarme jamais. Actuellement, elle est domiciliée à Saint-Germain-en-Laye, rue Thiers, 5.

Lejeune. — A débuté dans le commerce des vins, puis a essayé de spéculer sur les fourrages. Cette dernière entreprise ne lui ayant point laissé du foin dans ses bottes, il s'établit photographe rue de Rivoli, vend son fond, acquiert une autre photographie rue de Choiseul, 22, et devient photographe de l'Empereur. A partir de ce moment, la fortune ne l'abandonne point.

Les plus grands noms des deux faubourgs viennent poser chez lui, rue Saint-Honoré, 350, où il transporte son établissement.

L'empire à terre, Napoléon III mort, Lejeune s'intitule : Photographe breveté de S. A. le prince impérial.

Il fonde une succursale boulevard des Italiens, n° 9, et vend alors sa maison, devenue très importante, à M. Joliot.

Il se retire au château de Monte-Christo, à Port-Marly, véritable propriété de parvenu n'ayant d'autre charme que d'avoir été établie et construite par Dumas père.

Son décès arrive en 1881.

Avant comme après sa mort, Mme Lejeune avait la direction des affaires. Depuis 1848, son mari lui avait cédé les culottes.

M. Lejeune était-il très rigide pour lui-même ? je l'ignore ; mais ce qui est certain, c'est qu'il appréciait la conduite d'autrui avec une sévérité peu chrétienne. A ce sujet, voici l'extrait d'une lettre datée du 10 février 1877, écrite par Lejeune à Pagot :

« J'ai beaucoup à liquider et la tournure que prennent les *affaires publiques dans la main des coquins qui les gèrent* m'oblige à ne pas me laisser surprendre par les événements et à ne pas me trouver sans ressources avec des dettes à solder. »

Tels sont les héros de cette tragédie bourgeoise.

II

Pagot est-il fou ?

A cette supposition on ne peut répondre qu'en reproduisant ici quelques lettres que Pagot a adressées à sa famille, depuis son arrestation.

En voici une écrite le lendemain du drame :

« Paris, 31 décembre 1883.

« Ma bien-aimée,

« J'ai passé très bien la journée du 30 et la nuit, n'ayant d'autre préoccupation que les quatre êtres que j'aime. Je compte sur ton grand courage, que je connais si bien, pour supporter les ennuis du premier moment. Je suis toujours dans les mêmes pensées, j'ai le stoïcisme, la philosophie nécessaires pour mener à bien cette tâche que j'ai entreprise, d'obtenir justice, réparation, en démasquant les voleurs et en dévoilant les responsabilités. J'ai dit au commissaire de police de la rue de Hanôvre, à M. le juge d'instruction tout ce qu'il fallait au premier moment, maintenant je dirais les noms des personnes à entendre; tu connais tous ces noms. J'attendrai ensuite ce que l'on se proposera de faire.

« As-tu reçu de Leroy? Fais bien ranger mes affaires. Prends bien soin de toi, dis-moi si ta fluxion se passe. Ménage-toi pendant ces jours d'affaires. Je voudrais te souhaiter le Premier Jour de l'an 1884 en t'embrassant, ainsi que Charles, Emile et Anatole. Ce n'est pas possible. Mon cœur est avec vous, tu le sais. J'espère certainement en de meilleurs jours. Dieu peut nous éprouver, mais son jour de justice est proche. La veuve Lejeune doit sentir l'infamie qu'elle a commise. Nous verrons bien si elle passe à côté de la corde de la potence. Que c'est triste de ne pas se sentir protégé par les lois et d'être obligé de recourir à des actes d'une énergie farouche pour obtenir justice.

« Je ne désire pas que tu viennes me voir, et surtout que Charles ne vienne pas. Ce cher enfant ne doit pas savoir que son père volé est en prison et que les voleurs sont dans leur château, qu'il n'y a pas eu de punitions pour eux. C'est assez qu'Emile le sache, ce cher enfant, dont l'éducation a été interrompue par suite des agissements de cette infernale veuve et de ses complices ; on lui a défloré sa conscience en ne faisant pas justice. C'est une singulière puissance que les millions.

« Je vous embrasse tous,

« PAGOT. »

Cinq jours plus tard, installé à Mazas, il raconte la situation, et il le fait avec humour, même avec esprit.

« Paris, 5 janvier 1884.

« Ma chère et bien-aimée,

« J'ai reçu ta lettre du 4 dans l'après-midi de la même journée, ce qui montre l'empressement du ministre des postes à être agréable aux écroués de son collègue de l'intérieur. Je n'ai pas besoin de robe de chambre ni de glycérine. Le ministre de l'intérieur m'a fait délivrer une chemise en toile pur fil de chanvre, j'ai l'air du gas Nicole qui a quat' sous. Cela vous rabote la peau un petit brin, comme uné étrille, ce qui remplace plusieurs frictions, établit la circulation du sang et est très favorable à mon affection de goutte. Tu ne saurais t'imaginer comme l'on est bien traité dans les dépendances dudit ministre. En arrivant l'on m'a demandé mon nom, c'est une formalité dans tous les hôtels du monde, l'on m'a engagé à me débarrasser de tout ce qui pourrait me gêner, et la maison, qui tient beaucoup à être recommandée pour être toute de confiance, établit une liste de ce que vous déposez, de sorte que, si pour une cause ou une autre, elle ne pouvait vous rendre les objets, elle vous les payerait, cela est hors de doute. Mais ici rien ne se perd. C'est comme au temps d'Attila. Lorsqu'il envahit la France, ses soldats étaient si bien disciplinés, qu'un mouchoir placé sur une haie y resta jusqu'à l'arrivée du blanchisseur sans qu'un soldat ait osé y toucher. Ils aimèrent mieux se moucher dans leurs doigts que de toucher au mouchoir d'autrui. Si la veuve Lejeune eût seulement été cantinière ravaudeuse dans cette armée-là, je suis presque certain qu'elle n'aurait pas pu corrompre M. Attila et sa compagnie. — Puis l'on m'avait préparé un bain chaud, ce qui ne m'a pas déplu. On ne me l'a pas fait payer, et le garçon n'a même pas regardé du côté de mes mains pour le pourboire. Peut-être attend-il le jour de ma sortie, pour qu'il soit plus gros.

« Je t'ai dit ce que j'avais besoin, ne t'ingénie pas pour m'envoyer à manger. Contrairement à ce que l'on a pu dire, l'on est très bien nourri, surtout quand on a peu d'appétit. Avec de l'argent l'on se procure tout ce que l'on veut à des prix très modérés. Dans un aussi grand hôtel les prix des denrées sont affichés dans chaque cellule. Un de ces jours je t'enverrai un aperçu des prix. Sache seulement, pour aujourd'hui, que j'ai acheté un couvert en buis pour 30 centimes; j'ai eu 50 grammes de savon de Marseille pour 5 centimes, entends-tu cela, Emile? Le ministre de l'intérieur ne veut pas qu'on en emploie d'autre, sans doute parce qu'il s'en sert. Je ne me permets pas de dire qu'il en a une fabrique et qu'il veut assurer l'écoulement de ses produits. On m'a raconté qu'en Orient un berger était devenu ministre et qu'il avait conservé ses vêtements de pâtre pour reprendre son métier en cas de renversement de ministère. Je ne sais plus dans quel pays un ministre avait été vidangeur, l'histoire n'a pas dit si, Constant dans ses habitudes, il avait repris avec amour les effets de sa profession primitive. Laisse mon diabète de côté, c'est déjà bien assez de passer pour avoir le diable au corps sans y ajouter la bête. Oui, tu peux me faire passer de l'argent, un peu à la fois, de peur que le vil métal ne m'éblouisse. Quel bon conseil tu me donnes de manger de la viande, on peut en acheter. Mais dans le régime du ministre, 1 livre 1/2 de pain par jour, bouillon le matin; et le soir, un jour lentilles, un jour pommes de terre, un jour haricots et enfin un jour bouilli. Le tout dans une gamelle en terre de 10 centimes. Que l'on est heureux d'être fait à la dure.

« Le jour viendra où la Lejeune recueillera les huées de la foule. Quel rôle elle aura à la cour d'assises et plus tard à la cour plus haute. Dieu veut que les mâles défendent leur femelle et leurs petits. Dans les pays civilisés, c'est la Justice qui doit se substituer à l'initiative individuelle. Je te raconterai encore bien d'autres choses, je ne puis tout de dire en un jour. De la vigueur, chère maman, si tu la perdais, la mienne m'abandonnerait, ce qu'il ne faut à aucun prix. Ainsi un peu d'argent le plus tôt possible. Mes affectueuses poignées de mains aux deux grands, mille baisers pour toi et Charles. « PAGOT. »

Enfin, comme dernière preuve lisez le passage extrait d'une lettre de Pagot, datée du 8 janvier :

« Je pense bien à la rude charge que tu as sur les bras. Tu as de la tête, du cœur; tu la supporteras d'autant plus que dans la société des Cinq, tu es la seule femme. Nous sommes quatre hommes suspendus à ton cœur; que deviendraient les trois qui sont auprès de toi? Il est cinq heures du soir, je n'ai pas encore reçu de lettre ni de toi, ni des deux grands..

La folle du logis ne travaille pas outre-mesure à ce sujet. Je me dis que la poste se sert peut-être du roulage ordinaire pour les porter. Je pense aussi que nos lettres sont soumises à une visite et que lorsqu'on les trouve intéressantes on les recueille pour en faire une collection d'autographes. J'ai une si haute dose de philosophie que, tout en sentant la privation de tes nouvelles, je me trouve encore au-dessus de cela. Je m'en passerai de tes nouvelles, tu te passeras des miennes. Est-ce que nous n'avons pas un cœur viril? Je t'ai bien dit, tu as bien accepté, de ne pas venir me voir. Pourtant mes yeux se repaissent de toi pour raviver ton image dans mon âme!...

« J'estime que le plus puni de tous, est notre cher Charles, il doit demander à présent si papa, qui est à la campagne, a écrit une lettre à Charlot. Dis-lui oui, à ce cher enfant auquel tu n'as jamais menti, même en riant. Il croira sa mère sur parole; nous lui voulons tant de bonheur! Ainsi, de tous les côtés, ton mari se sent invulnérable. Je n'ai pas le cœur de glace, tu le sais mieux que personne; c'est parce que j'ai besoin de ton estime que je me maintiendrais à la hauteur des événements.

« Anna, soyez attentionnée, soignez bien Madame et Charles.

« Ton mari dévoué,

« PAGOT. »

Cet homme est-il fou, Messieurs du parquet, et vous surtout, Messieurs les docteurs!

III

Au commencement des choses.

Au mois de février 1874, Pagot entre en relations avec M. et Mme Lejeune.

Quelque temps plus tard ceux-ci lui confient une somme considérable de recouvrements à opérer. Il s'agissait de liquider les anciennes créances de la photographie établie rue Saint-Honoré, que Lejeune venait de vendre à Joliot.

Les recouvrements s'effectuaient lentement et Pagot se libérait des fonds de trois manières :

Ou les époux Lejeune venaient recevoir chez Pagot;

Ou Pagot, allant dîner à Monte-Christo, remettait des sommes aux époux Lejeune, et cela sans aucune quittance;

Ou encore Pagot fournissait des traites sur les débiteurs habitant hors Paris et les

2.

endossait à l'ordre des époux Lejeune, qui en faisaient opérer l'encaissement eux-mêmes.

Il arrivait aussi que certains débiteurs, auxquels Pagot avait réclamé leurs dettes, allaient se libérer à la maison de commerce rue Saint-Honoré, 350, et versaient les fonds à une demoiselle Adèle Poirier, caissière de M. Joliot, successeur de Lejeune, et cousine de celui-ci. Dans ce cas Pagot ne pouvait être comptable, puisqu'il n'avait rien touché.

Ces explications ont une très grande importance, car c'est là le point de départ du procès, cause première du drame.

A ce moment les relations des époux Lejeune et de la famille Pagot sont très intimes. Nous voyons même Mme Lejeune présenter Pagot à une dame Champ, sa parente, et au curé de Port-Marly, en disant :

« M. Pagot, un homme d'affaires qui ne mange pas l'argent; M. Pagot nous remet des fonds en déjeunant, nous ne lui donnons pas de reçu, nous sommes d'honnêtes gens. »

Du reste, voici une lettre qui fixe le degré d'intimité existant entre les deux familles :

« Monte-Christo, 6 novembre 1877.

« Mon cher Monsieur Pagot,

« Le temps est bien mauvais pour que des paysans viennent prier des citadins de venir passer avec eux la journée de dimanche prochain, mais ils espèrent en la complaisance de leurs amis et la clémence du temps qui voudra bien faire luire son soleil pour les récompenser de leur dévouement, car le soleil de la Saint-Martin a quelque fois du bon.

« Mme Lejeune se fait un plaisir de recevoir Mme Pagot. Espérons que le temps ne le troublera pas.

« Venez de très bonne heure, car les

jours sont courts et il faut promener avant le dîner.

« Recevez, etc.

« *Signé* : A. Lejeune. »

Comme on le voit, à la fin de 1877, rien ne faisait présumer, rien ne laissait supposer qu'un jour Mme Lejeune poursuivrait Pagot avec cette persévérance haineuse dont nous retrouverons la preuve dans chaque pièce, dans chaque acte, dans chaque parole.

IV

L'Affaire Rœmhild

Cette affaire est capitale, non pas en ce qui concerne la défense de Pagot, mais elle permet de convaincre Mme Lejeune d'oublier ici — et ailleurs — la vérité, et, de plus, elle donne une base probable à l'inimitié qui tout à coup surgit entre les ménages Pagot et Lejeune.

Voici d'abord la lettre rectificative que cette honorable dame adressait au *Figaro :*

« Paris, 9 janvier 1884.

« Monsieur le rédacteur.

« Permettez à Mme Le Jeune de vous dire que votre bonne foi a été surprise ; permettez-lui aussi de défendre son mari, mort aujourd'hui, et son avoué, grièvement blessé.

« Il ne m'est pas permis de vous donner en ce moment des détails plus précis, ne voulant pas entraver l'action de la justice. Mon conseil, M. Benoit-Lucy, est alité, son état présent lui interdit tout travail et toute préoccupation.

« Mais ce que je puis faire, c'est de rétablir brièvement les faits.

« M. Pagot était notre débiteur; il le reconnaissait, du reste, dans le procès que nous avions été forcés de lui intenter et qu'il a perdu. Il s'agissait de recouvrements importants dont il avait été chargé, et qu'il ne justifiait pas d'une manière satifaisante. Forcé de s'expliquer devant un expert nommé par le tribunal, il n'avait pas jugé à propos de l'éclairer complètement. Après sa condamnation, il se décida à produire quelques documents nouveaux, et, bien qu'il eût interjeté appel, il n'attendit pas l'arrêt de la Cour, et préféra aller injurier et menacer les magistrats en plein tribunal. En même temps, il répandait à profusion des écrits diffamatoires contre le président, les juges, et aussi contre mon mari et moi.

« Cette persécution et ce système d'intimidation n'ont fait que s'accroître après la mort de M. Le Jeune. Malgré mes droits, reconnus par la justice, désirant obtenir enfin un peu de tranquillité, je m'étais résignée à faire un sacrifice, et dans ce but, j'avais consenti, sur les instances de M. Pagot, à lui constituer une rente viagère qui devait lui être servie tant que je vivrais. De plus, je consentais *volontairement, et non pas comme l'acquit d'une dette*, à lui verser une certaine somme. En agissant ainsi, je voulais assurer le repos de mes dernières années et remplir un devoir de charité. Il y a quelques mois, M. Pagot recevait, par l'intermédiaire de son avoué, la somme promise, contre un engagement d'honneur et par écrit de ne jamais, par aucun acte, troubler la tranquillité de Mme Le Jeune.

« Mais, malgré cet engagement, le 29 décembre dernier, M. Pagot se rendait chez mon avoué, avec de nouvelles exigences, et sur les observations de M. Benoit-Lucy, il déchargeait sur lui cinq coups de revolver.

« Tels sont les faits, et les débats en démontreront l'exactitude.

« Je passe à l'histoire de Mlle Rœmild, histoire qui serait le point de départ de toute l'affaire, et je dois à la mémoire de mon mari de protester contre les insinuations calomnieuses cachées sous cette histoire, insinuations que certains de vos confrères n'ont même pas déguisées. Je déclare formellement que je connaissais et partageais la pensée qui avait amené mon mari à aider cette pauvre fille. Mlle Rœmild nous avait été recommandée par son frère, *prêtre vénéré*, et une partie de la somme que nous lui avions prêtée nous était garantie par un *honorable curé*, parent de cette famille. Je n'entre dans ces détails que pour montrer combien cet acte de charité a pu être défiguré. C'est moi-même qui avais remis à M. Pagot le dossier de cette affaire. Je n'ai donc pu être ni étonnée, ni mécontente de voir les frais au crédit de M. Pagot.

« Il n'est pas plus exact que le mobilier de M. Pagot ait été vendu à ma requête, ni que jamais (ce que vous n'avez pas dit, il est vrai, mais ce qu'ont prétendu d'autres journaux) j'aie envoyé une copie du jugement à qui que ce soit.

Je suis convaincue, monsieur le rédacteur, que vous apprécierez la nécessité de cette rectification des erreurs involontaires qu'on vous a fait commettre, et je vous serais bien reconnaissante de vouloir bien faire droit à ma demande.

« Veuillez agréer, etc.

« E. Le Jeune. »

Nous verrons plus loin si Pagot est un faiseur de chantage. Pour le moment occupons-nous de cette affaire Rœmhild.

Voyons ce que disait à cet égard, le 7 janvier, les journaux parisiens.

Je copie littéralement ce passage :

« Plusieurs mois auparavant, M. Lejeune avait chargé M. Pagot de sortir une demoiselle Rœmhild, établie marchande de mercerie, rue Montorgueil, 20, d'une situation commerciale présentant une certaine gravité. Grâce à l'intervention de Pagot et à une somme versée par Lejeune, celle-ci ne fut point obligée de suspendre ses payements.

« Qu'était cette demoiselle Rœmhild à Lejeune ? C'est là le point délicat. »

En effet, il est fort difficile de préciser, mais pourtant voici une lettre qui peut-être jettera quelque lumière :

Monte-Christo, Port-Marly (S.-et-O.),
2 octobre 1874.

« Monsieur Pagot,

« En vous quittant, j'ai été chez Mlle Rœmhild où j'ai rencontré son frère M. l'Abbé.

« La visite inattendue que je faisais a été assez émouvante, très émouvante même de part et d'autre.

« La saisie du propriétaire devait avoir lieu hier, en présence des supplications qui m'étaient faites et mis au courant par vous de tout ce qui s'était passé, j'ai cru devoir aller chez l'huissier Belguise qui me connaît, ayant employé son ministère dans plusieurs affaires menées par lui à ma satisfaction.

« Je lui ai remis un acompte de 600 fr., le priant d'attendre jusqu'à ce que j'aie écrit à M. Legeard, son propriétaire.

« Ces 600 fr. me font grande faute, mais je ne le regrette pas, cela m'a *obligé à provoquer avec Mme Le Jeune un entretien qui ne pouvait plus être ajourné.*

« Soit qu'elle ait craint que vous m'ayez parlé, soit qu'elle ait pensé, avec raison, qu'elle devait arrêter là l'intrigue très honorable de cette petite affaire, elle m'a tout conté, et du moment où elle savait tout, il était tout naturel que je lui dise à mon tour ce que je pouvais avouer hautement.

« Comme elle connaissait le chiffre de 11,000 fr. il était juste que je lui dise qu'au lieu de lui rapporter mes 600 fr. je les avais laissés au propriétaire de Mlle Rœhmild.

« *Tout cela s'est passé on ne peut mieux et dans les meilleurs sentiments,* » *etc., etc.*

Dans une lettre du 4 octobre, 1875 Lejeune écrit à Pagot, en parlant de Mlle Rœmhild :

« Elle ne se contente pas de faire des dupes, il faut qu'elle les déchire. Que n'a-t-elle pas dit de vous comme de lui.

« Je ne serais pas surpris qu'elle vienne dire de moi, comme de mon ami Bonnet, que j'ai voulu tendre des pièges à sa vertu...

« Ce pauvre abbé B...., un ami de son frère, en sus des 4,000 fr. qu'il m'a garantis avait été exploité dans le courant de l'année dernière de 1,630 fr.... *Voilà une vertu qui coûte cher à chacun.* »

Maintenant, arrivons en 1877. Voyons une lettre que M. Lejeune, alors à Nice, écrit, le 10 février, à M. Pagot.

Parlant des recouvrements confiés à celui-ci il ajoute :

« Mais il y en a un important.

« C'est celui de cette drôlesse de Rœmhild. Je vous ai envoyé toutes les pièces nécessaires à constater ma créance et, entre autres, les 4,000 fr. d'effets souscrîts par elle et garantis par l'abbé Bonnet.

« Vous comprenez l'importance qu'il y a pour moi à avoir ces titres. La conduite plus qu'équivoque de cet abbé B.... me force à prendre toutes mes précautions. »

Cette demoiselle Rœmhild, pauvre fille en 1884 pour Mme Lejeune, est la même que M. Lejeune avait qualifiée *de drôlesse* en 1877 !

Quant à l'honorable curé cité par Mme Lejeune dans sa lettre rectificative, c'est cet abbé B.... *dont la conduite était jadis plus qu'équivoque !*

Autres temps, autres appréciations, paraît-il.

V

Le Procès.

J'ai dit plus haut que les relations des époux Lejeune avec la famille Pagot étaient intimes, très intimes même : Mme Lejeune appelait Pagot « son amour de Pagot », et souvent même elle le désignait simplement par son prénom.

Lorsque ces grandes intimités cessent subitement, presque toujours elles sont suivies d'une inimitié d'autant plus redoutables qu'on était plus étroitement lié.

C'est ce qui arriva entre ces deux ménages. Mme Lejeune s'était mêlée du mariage de Pagot, veuf en premières noces, avec Mlle Savoureau, et, subitement, quelques mois après ce mariage auquel elle s'était prêtée un peu par manie de vieille femme, elle commence les hostilités.

Quel est le motif réel de cette haine subitement éclose, c'est franchement ce que je ne saurais dire avec certitude.

J'ai bien fouillé le dossier, bien interrogé, bien cherché, et une seule chose m'a frappé, c'est cette affaire Rœmhild. C'est cette fille établie mercière rue Montorgueil, avec des fonds empruntés, soit à cet abbé B...., soit à son frère, soit à M. Lejeune; car enfin, cet excellent homme avait commandité Mlle Rœmhild pour 15,000 fr. !

Beau denier, n'est-ce pas ?

Ces trois hommes commanditant une jeune fille, — elle n'avait pas trop plus de vingt ans alors,— n'est-ce pas là un de ces traits de mœurs qui prêtent à de singulières reflexions ?

Joignez à cela le caractère de Mme Lejeune : une femme dévote, mais d'une dévotion toute commerciale et partant un peu empreinte d'hypocrisie ; haineuse comme les gens du Nord, et surtout ayant passé l'âge où l'on pardonne les péchés roses.

On me dira que je calomnie ; non, je raisonne simplement.

Donc en 1878 les relations tournent complètement à l'aigre.

Le 5 septembre, Mme Lejeune, sous le couvert de son mari, fait signifier une sommation à Pagot d'avoir à produire ses comptes ; puis, le 11 novembre, elle le fait assigner devant le tribunal de la Seine ; elle lui demande non seulement des comptes, mais encore *six mille francs de dommages-intérêts.*

Me Huet, avoué, prédécesseur de Benoit-Lucy, occupe pour Mme Lejeune, c'est-à-dire se présente pour elle.

Pagot, par l'organe de son avoué, Me Delaporte, offre de payer immédiatement la somme de 927 fr. qu'il reconnaît devoir, et demande qu'un expert soit nommé pour vérifier la comptabilité.

Le Tribunal désigne comme expert M. Rivet qui, empêché de remplir sa mission, est remplacé par un M. Rincé.

Les parties se rendent devant cet expert.

C'est à ce moment que Benoit-Lucy entre en scène.

Il venait de succéder à son oncle, Me Huet.

Il n'était point seulement l'avoué de la famille Lejeune, mais encore un habitué de la maison, un ami intime.

Mme Lejeune, fidèle à sa manie de s'ingérer dans les affaires des autres, s'était, dit-on, fort occupé de son mariage avec Mlle Lucy.

Aussi Benoît avait-il pour elle des soins tout filiaux.

Jamais elle n'allait chez l'expert sans être accompagnée du jeune avoué.

Que se passa-t-il chez cet expert, ce M. Rincé; on ne saurait le dire. Mais il est certain que déjà Pagot se défendait avec cette énergie farouche, peut-être un peu verbeuse et peu pratique dont il a fait preuve jusqu'ici.

Enfin, le 12 avril 1881 — près de trois ans après le début du procès! — M. Rincé dépose, au greffe du tribunal de la Seine, un rapport duquel il résulte que Pagot est débiteur envers Lejeune d'une somme de quatre mille quatre cent soixante-dix-huit francs, alors que celui-là soutient ne devoir que neuf cent vingt-sept francs.

Chose étrange, cet expert aujourd'hui décédé — ce qui m'arrête sur la pente de la critique — n'avait pas seulement requis communication des livres des époux Lejeune. Or les époux Lejeune étaient commerçants! Ils étaient obligés, aux termes de la loi, à tenir une comptabilité régulière; et ils n'avaient qu'à produire leurs livres, l'expert n'avait qu'à exiger cette production, et le procès était terminé, et par conséquent jamais le crime de la rue de la Paix n'aurait été consommé!

Quelle conséquence eut cette première faute, — je dirais cette première sottise, si M. Rincé était encore de ce monde!

En présence des conclusions du rapport de l'expert, Pagot demande au tribunal d'ordonner que Lejeune soit interrogé sur faits et articles.

Jamais Lejeune ne s'était présenté en

personne chez l'expert; c'était sa femme qui, éternellement accompagnée de l'avoué Benoît-Lucy, avait seule soutenu le feu de la discussion.

Pagot avait foi en l'honnêteté de Lejeune, il le croyait incapable de soutenir une chose qu'il savait pertinemment être mensongère.

Quelle illusion!

Le tribunal ordonne que Lejeune soit interrogé personnellement sur faits et articles et charge de cette mission M. Blache, juge au tribunal de Versailles.

Le magistrat se rend à Port-Marly, au domicile de Lejeune, alors malade, et l'interroge.

Je copie ici textuellement l'interrogatoire, signalant au lecteur les réponses de Lejeune.

Ecoutez :

« 1° Avez-vous reçu de Mme Ducray le montant de sa facture, soit 200 fr.?

« Réponse. — Je ne le crois pas. Je ne

sais si la dame Ducray était ma débitrice, mais si elle m'a payé, Pagot doit avoir entre les mains un avis soit de Mme Lejeune, soit de moi constatant le payement.

« Dans tous les cas, Mme Ducray aurait une quittance.

« 2° Avez-vous reçu de M. Morgan, 170 francs?

« Réponse. — Je ne le crois pas et mon observation sur cette question est la même que sur la précédente.

« 3° Avez-vous reçu de M. de Chevigné, 24 francs?

« Réponse. — Non plus.

4° Avez-vous reçu de M. de Bressieux, 260 fr.?

« Réponse. — Non.

« 5° Avez-vous reçu de M. Danniaux 48 fr.?

« Réponse. — Non.

« 6° Avez-vous reçu de M. Bernard 30 francs?

« Réponse. — Non.

« 7° Avez-vous reçu de M. Romeuf 36 francs?

« Réponse. — Non.

« 8° Avez-vous reçu de Pagot, le 24 août 1874, un mandat de 400 fr. envoyé par M. le duc de Frias?

« Réponse. — Non, je n'ai reçu aucun mandat de M. le duc de Frias.

« 9° Avez-vous reçu de Pagot la somme de 152 fr. 70 formant le solde du compte partiel à vous remis le 3 avril 1874, qui porte la mention de cette remise?

« Réponse. — M. Pagot m'a remis de l'argent à diverses reprises, il ne m'a jamais remis un arrêté de compte définitif malgré mes demandes réitérées. Il a eu de ma femme ou de moi à chaque versement un reçu de la somme versée.

« Il est évident que les sommes versées par M. Pagot provenaient des créances que j'avais sur certains clients.

« Mais nous n'avons jamais pu obtenir de lui un compte régulier et la somme de 152 fr. 70 peut avoir été comprise dans les sommes qu'il nous a versées sans une désignation spéciale.

« 10° Avez-vous reçu le 10 août 1874, par votre employée, Mlle Adèle, en même temps que la feuille de compte partiel établie audit jour, une somme de 492 fr., qui avec les 80 francs, montant de la traite Hamel, que vous auriez reconnu avoir reçue, formait le solde de 572 fr., montant de ce compte?

« Réponse : Je n'ai rien reçu personnellement de Mlle Adèle qui a pu remettre cette somme à Mme Lejeune.

« Et dans ce cas M. Pagot aurait reçu soit de Mme Lejeune, soit de Mlle Adèle.

« Je m'en réfère d'ailleurs aux observations générales que j'ai faites dans la précédente réponse.

« 11° Avez-vous reçu de M. Pagot la somme de 298 fr. mentionnée sur le compte partiel des 1er et 4 décembre 1874 comme vous ayant été remise par lui?

« Réponse : Si M. Pagot m'a versé cette somme, il doit en avoir retiré un reçu, car il ne m'a jamais remis d'argent sans avoir un reçu de ma femme, de moi ou de mon ancienne employée, Mlle Adèle.

« D'ailleurs, ces versements remonteraient à six années et mon état de santé est tel que mes souvenirs ne me permettent pas de préciser ni la date ni le chiffre des payements qui m'ont été faits.

« 12° Avez-vous reçu de M. Pagot la somme de 162 fr. mentionnée sur le compte partiel du 1er mars 1875 comme vous ayant été remise par lui?

« Réponse : Ma réponse est la même que celles que j'ai déjà faites, c'est-à-dire que je n'ai jamais rien touché de M. Pagot sans lui en donner un reçu.

« 13° Pourquoi, si vous n'avez pas reçu les sommes mentionnées aux questions 9, 10, 11 et 12, n'avez-vous pas protesté contre les mentions inscrites par Pagot sur ses comptes partiels?

« Réponse : Parce que je n'ai jamais considéré ces prétendus comptes partiels que comme étant de simples notes qui devaient être des éléments d'un compte définitif qui n'a jamais été établi et qui seul pouvait être discuté entre nous.

« 14° Vous avez reçu de Pagot à la fin de 1876 un relevé général arrêté fin septembre de la même année comprenant entre autres les comptes partiels méconnus. Pourquoi n'avez-vous pas fait la déclaration sur ce compte qui établissait au profit de Pagot un solde créditeur de 225 fr. 35 ?

« Réponse : Je n'ai jamais fait alors d'observations sur ce prétendu compte général, parce que je le considérais comme une simple note, et si j'ai accusé à M. Pagot réception de son envoi, c'est parce que ce compte mentionnait des sommes d'argent qu'il nous avait remises et que nous n'avons jamais contestées.

« Mais c'est en vain que depuis cette époque nous avons réclamé soit à l'amiable, soit en justice, les éléments et les détails d'un compte régulier établissant les recettes et les dépenses. »

Et c'est sur ces réponses vagues sans

précision, sur des « je ne le crois pas » ou « il aurait un reçu » que la 3e chambre du tribunal » de la Seine, présidée par M. Perrot de Chezelles, vice-président, condamne le 25 mai 1881 Pagot à payer à Lejeune :

1° Trois mille cinq cent cinquante et un francs quinze centimes, solde restant, déduction faite des neuf cent vingt-sept francs offerts et payés par Pagot;

2° Les intérêts de cette somme depuis le 5 septembre 1878;

3° Trois cents francs à titre de dommages-intérêts;

4° Les dépens et les frais.

Et plus le tribunal ordonne l'exécution provisoire du jugement nonobstant l'appel.

A partir de cet instant, Pagot, qui savait parfaitement ne rien devoir à Lejeune, commence une lutte homérique pour obtenir justice.

Jusque-là il ne s'était servi que des armes légales.

VI

La lutte pour le droit.

Peut-être le lecteur se demandera-t-il pourquoi Pagot s'était laissé condamner par le tribunal de première instance sans s'armer des preuves qu'il devait produire plus tard; preuves tellement irrécusables, tellement certaines, qu'elles ont imposé à un juge d'instruction une ordonnance de non-lieu.

Pourquoi? parce qu'il croyait, lui, ancien officier, lui qui avait siégé dans les conseils de guerre, que le seul guide du magistrat était la certitude absolue, la certitude sans conteste, de la culpabilité du prévenu ou du poursuivi. Pouvait-il croire, alors qu'il faisait demander à son adversaire : « Avez-vous reçu telle somme? » et que celui-ci répondait : « Je ne le crois pas » ou « vous devez avoir un reçu », que le tribunal n'ajoute pas de sa propre autorité : « Mais êtes-vous certain de n'avoir pas touché ce que vous réclamez à Pagot? Croyez-vous que s'il avait un reçu, il ne le produirait pas? Vous savez bien qu'il fait appel à votre loyauté parce qu'il n'a pas de preuve! Pourquoi alors vous retrancher derrière ces réponses équivoques, indignes d'un honnête homme? »

Il croyait cela dans sa simplicité, et il avait attendu avec confiance la décision de la justice.

Mais en présence de sa condamnation, condamnation qui le ruinait non seulement dans sa bourse, mais encore dans son honneur, sa conduite jusqu'alors si correcte, devint ce qu'on sait. Il résolut non-seulement de réunir toutes les preuves pouvant écraser son adversaire, mais aussi de dire leur fait à ces magistrats aveugles, qui, tranquillement, du haut de leur prétendue impartialité, venaient de le jeter dans la misère, lui, sa femme, ses deux enfants !

Qui donc l'en désapprouverait? Ne faut-il pas de temps en temps apprendre aux hommes que la justice n'est ni infaillible, ni incorruptible !

Est-ce un crime de signaler à l'attention publique les indignes ou les incapables?

Et c'est à quoi M. Guillot, juge d'instruction près le tribunal de la Seine, a répondu en rendant contre Pagot une ordonnance de non-lieu, lors de la poursuite exercée contre celui-ci pour injures adressées à M. le vice-président Perrot de Chezelles.

Comme on le voit, en soutenant cette thèse, je suis en bonne compagnie.

VII

Adèle Poirier.

Adèle Poirier était, pour la famille Lejeune, non seulement une employée, mais encore une personne de confiance.

Comme preuve, je copie ces quelques lignes d'une lettre adressée par Lejeune à Pagot, le 1er mai 1874.

« C'est une véritable farce!

« Néanmoins voyez auprès de Mlle Adèle si ce que je vous dis est exact. Mme Lejeune pourrait se tromper. »

Pendant le procès, Pagot avait soutenu que six des créances réclamées par Lejeune avaient été versées par lui à cette demoiselle Poirier.

Ni le tribunal, ni l'expert n'avaient voulu entendre cet important témoin, ni seulement demander la production de son livre de caisse.

Une fois condamné, Pagot adressa la sommation suivante à Mlle Poirier :

« L'an mil huit cent quatre-vingt-deux, le douze juillet.

« A la requête de M. Pagot, directeur du Contentieux parisien, demeurant à Paris. rue Drouot, 8, pour qui domicile est élu en sa demeure.

« J'ai, Auguste-Henri Vincelet, huissier près le tribunal civil de la Seine, séant à Paris, y demeurant rue Drouot, 8, soussigné, signifié, déclaré et rappelé à

« Mademoiselle Adèle Poirier, caissière chez M. Joliot, photographe, demeurant à Paris, rue Saint-Honoré, 350, où étant et parlant à Mlle Poirier, ainsi déclarée,

« Que le requérant avait été chargé par un sieur Lejeune, photographe, chez qui elle était alors employée, de ses recouvrements,

« Que, suivant jugement rendu par la

3e chambre du tribunal civil de la Seine, le 25 mai dernier, enregistré, le requérant a été condamné à payer au sieur Lejeune, plusieurs sommes, entre autres :

« 1° Le montant d'un compte au 10 août 1874........................... 492 »

« 2° Une facture de Bernard....	30 »
« 3° Une facture de Romeuf....	36 »
« 4° Une facture du Cray,......	200 »
« 5° Une facture de Morgan....	170 »
« 6° Une facture de Chevigné ..	24 »
« Total........	952 »

Soit au total neuf cent cinquante-deux francs,

« Que ces diverses sommes ont été versées par le requérant entre les mains et ce, en raison de l'emploi qu'elle avait dans la maison de photographie du sieur Lejeune.

« Qu'au cours de l'instance introduite contre le requérant par le sieur Lejeune, ce dernier a nié, ainsi que la dame Lejeune, avoir reçu aucune de ces sommes, soit des mains du requérant, soit des mains de son employée, la demoiselle Poirier.

« Pourquoi j'ai, huissier susdit et soussigné, à même requête, demeure et élection de domicile que dessus fait sommation à la demoiselle Adèle Poirier, étant et parlant comme dessus, de dans le jour pour tout délai, avoir à rembourser au requérant la dite somme de neuf cent cinquante-deux francs qu'il a versée entre ses mains et résultant du compte ci-dessus détaillé sans préjudice de toutes autres sommes que M. Pagot peut lui avoir payées provenant de recouvrements par lui faits pour le compte du sieur Lejeune,

« Lui déclarant que par suite du préjudice éprouvé par le requérant, comme aussi faute de satisfaire à la présente sommation dans ledit délai et y celui passé, M. Pagot se pourvoira par toutes les voies de droit pour l'y contraindre et notamment se réservant d'employer les voies extraordinaires.

« Et j'ai à la susnommée étant et parlant comme dessus laissé copie du présent sur une demi-feuille de timbre spécial à 0,60 c.

« Coût 7 fr. 55.

« *Signé* : VINCELET. »

Trois jours après, Mlle Poirier répond à la sommation, mais elle ne le fait pas seule, elle est assistée de Mme Lejeune, toujours sous la tutelle de Benoit-Lucy.

Je ne sais de quel terme, pris dans le vocable du Code pénal, il faudrait qualifier cet acte que du reste je transcris littéralement :

« L'an mil huit cent quatre-vingt-un, le quinze juillet ; à la requête de :

« 1° Mlle Adèle Poirier, employée chez M. Joliot, photographe, demeurant à Paris, rue Saint-Honoré, 350 ;

« 2° Mme Elisabeth-Augustine Seyler, veuve de M. Augustin-Aimé-Joseph Lejeune, propriétaire, demeurant au château de Monte-Cristo, commune de Port-Marly

(Seine-et-Oise), pour lesquelles domicile est élu à Paris, rue de la Paix, 4, en l'étude de Me L. Benoit-Lucy, avoué.

« J'ai Paul-Louis-Auguste Lebrun, huissier, près le tribunal civil de la Seine, séant à Paris, demeurant boulevard Voltaire, 109.

« Soussigné, signifié et déclaré à M. Pagot, directeur du Contentieux parisien, demeurant à Paris, rue Drouot, 8, où étant et parlant à une femme à son service, ainsi déclarée.

« En réponse à la sommation faite à Mlle Poirier, le 12 juillet 1881.

« Que Mlle Poirier *n'a jamais reçu de M. Pagot les sommes énoncées dans ladite sommation*, que la réclamation de ce dernier n'est qu'un subterfuge imaginé pour tâcher de faire échec aux condamnations prononcées contre lui par jugement du 25 mai dernier, enregistré et signifié.

« Que M. Pagot n'ignore pas que les sommes qu'il a vainement cherché à porter au débit de Mme Lejeune, ont été rejetées par ledit jugement après rapport d'expert et interrogatoire, et que la réclamation actuelle de M. Pagot n'est pas plus fondée vis-à-vis de Mlle Poirier que de Mme Lejeune.

« Que Mme Lejeune déclare par les présentes faire son affaire personnelle de ladite réclamation, Mlle Poirier devant rester complètement étrangère dans le présent comme dans le passé aux comptes qui ont été débattus entre Mme Lejeune et M. Pagot.

« Que ces comptes ayant été arrêtés et réglés par le jugement sus-énoncé, Mme Lejeune ne peut que protester contre l'étrange réclamation de M. Pagot, entendant poursuivre l'exécution pure et simple du jugement et prendre en outre telles mesures conservatrices qu'elle avisera.

« Sous toutes réserves,

« Afin qu'il n'en ignore, et je lui ai étant et parlant comme dessus laissé la présente copie.

« Coût 7 fr. 55.

Timbre spécial de copie 0 fr. 60.

« Signé : LEBRUN. »

Certaines gens diront à Pagot : Mais pourquoi ne pas rester dans la légalité; pourquoi ne pas attendre la décision de la cour d'appel; pourquoi injurier un magistrat; pourquoi tuer un avoué?

Eh! bien, ici, nous répondons pour lui en affirmant que s'il n'avait injurié M. Perrot de Chezelles, jamais la fille Poirier n'aurait produit ses livres, jamais la preuve évidente de la libération de Pagot n'aurait été faite, jamais on n'aurait su que la fille Poirier avait effrontément menti dans l'acte authentique qu'on vient de lire!

Nous ajoutons même que si Pagot n'avait commis le crime de la rue de la Paix, toutes ses réclamations se seraient heurtées à l'indifférence publique. Jamais on n'aurait connu la vérité sur cette affaire, qui pourtant est digne d'éclairer les masses.

VIII

L'affaire de Bressieux.

Le lecteur se souvient que parmi les créances dont le recouvrement avait été confié à Pagot, il s'en trouvait une de 260 fr. sur M. le baron de Bressieux, propriétaire à Saint-Germain-des-Prés (Loiret).

Ainsi que cela résulte de l'interrogatoire sur faits et articles transcrit plus haut, M. Lejeune affirmait alors, de la façon la plus formelle, que jamais Pagot ne lui avait tenu compte de ce recouvrement.

Pagot soutenait de son côté avoir remis à Lejeune une traite de 260 fr. sur M. le baron de Bressieux, traite dont l'encaissement avait été opéré par Lejeune lui-même, qu'ainsi lui, Pagot, n'était point comptable de ce recouvrement.

Fort de sa conviction, Pagot écrivit à M. de Bressieux pour lui demander s'il ne pourrait pas lui confier la traite en question.

Voici la réponse :

« Changy, 13 janvier.

« Monsieur,

« Décidément et malgré toutes les recherches les plus minutieuses, je n'ai pas la traite Lejeune dans les papiers que j'ai ici. Comme j'étais très malade lorsque j'ai fait des recherches dans ceux que j'ai en Dauphiné, il pourrait se faire que cette traite y fût. Obtenez un délai de quinze jours, jusqu'au 31 janvier, et malgré ma répugnance à livrer mes clefs à des serviteurs, je vais faire mettre tous ces papiers dans une caisse et me les faire envoyer. Dès que je les aurai, je ferai une visite minutieuse et vous dirai le résultat le plus tôt possible. Je suis certain que vous avez raison et que la traite est telle que vous le dites et suis bien disposé, je vous assure, à vous aider à confondre celui qui vous accuse à tort. Obtenez vite ce délai.

« Veuillez, monsieur, agréer mes salutations empressées.

« Baron de Bressieux. »

Quelques jours plus tard, M. de Bressieux écrivait encore à Pagot :

« Saint-Germain-des-Prés (Loiret),
19 janvier 1882.

« Monsieur,

« Voici une preuve qu'il ne faut jamais désespérer de la Providence. Au moment où je ne croyais pas plus trouver dans mes papiers du Dauphiné que dans ceux que j'ai ici, la traite que vous me demandez depuis si longtemps, une pièce de 10 francs a fait tout ce que n'avaient pu faire toutes mes recherches et sans elle j'aurais pu chercher indéfiniment.

« Glissée sur la table de mon secrétaire, elle m'a obligé à retirer le tiroir de dessous et au fond, froissé et aplati, se trouvait ce fameux papier si désiré et introuvable qui probablement avait fait comme la pièce de 10 francs.

« Je suis bien heureux, je vous assure, monsieur, de vous donner cette tardive satisfaction et désire que vous confondiez votre accusateur et que vous en tiriez toutes les indemnités qui vous sont dues pour les mauvais jours qu'il vous a fait passer. Agréez aussi tous mes regrets de ne pas vous avoir donné plus tôt cette satisfaction, mais qui pouvait se douter qu'un papier si important eût pu se nicher là.

« Veuillez agréer l'assurance de mes sentiments distingués et aussi sympathiques.

« *Signé :* Baron DE BRESSIEUX. »

Possesseur de la traite qui devait établir la véracité de ses allégations, Pagot s'aperçoit que Lejeune avait eu la précaution de ne point l'endosser. Il fait donc signifier par huissier à MM. veuve Poulenc et fils aîné, fabricants de produits chimiques, un des fournisseurs de Lejeune, l'acte suivant :

« Par jugement du 25 mai 1881 de la 3e chambre du tribunal civil de la Seine, rendu entre M. Lejeune, propriétaire au château de Monte-Cristo, commune de Port-Marly (Seine-et-Oise), et M. Pagot, receveur de rentes, actuellement rue Rossini, 20, à Paris.

« M. Lejeune ayant nié avoir reçu différentes sommes, entre autres une de 260 fr. de M. le baron de Bressieux.

« M. Pagot a été condamné à rembourser, entre autres, cette somme de 260 fr.

« Voici copie de la traite à l'aide de laquelle cette somme de 260 fr. a été reçue :

« Fin juillet prochain, il vous plaira
« payer à l'ordre de moi-même la somme de
« deux cent soixante francs pour solde du
« compte de M. Lejeune. Paris, le 1er avril
« 1874. Signé : Pagot. Vu pour acceptation,
« baron de Bressieux. Payable chez MM.
« Taillard, banquiers à Montargis (Loiret).
« Suivent des cachets :

« Poulenc et Wittmann, rue Neuve-Saint-
« Merri, 7 à Paris, n° 11280.

« De Braecque et Ce, banquiers à Paris
« X 3293.

« Eugène Pouge, Montargis, 000352 e
« l'acquit.

« Taillard frères, à Montargis (Loiret)
« n° 8887.

« Au verso,

« *Signé :* PAGOT.

« Payez à l'ordre de M. de Baecque et Ce, valeur en compte. Paris, le 20 juillet 1874. Signé : Poulenc et Wittmann

« Payez à l'ordre de M. E. Pouge, valeur en compte. Paris, le 25 juillet 1874. Par procuration, de Baecque et Ce. Signé (Illisible). »

« D'après la teneur de la traite ci-dessus copiée, M. Pagot a créé et endossé cette traite. M. Pagot affirme l'avoir remise à M. Lejeune; ce dernier ne l'ayant pas endossée et Lejeune ayant nié.

« M. Pagot fait sommation à Mme veuve Poulenc et fils aîné, 7, rue Neuve-Saint-Merri, à Paris, en tant qu'héritiers de feu M. Poulenc et des successeurs de MM. Poulenc et Wittmann, fabricants de produits chimiques, 7, rue Neuve-Saint-Merri, à Paris.

« D'avoir à lui faire connaître, dans le délai de vingt-quatre heures, de quelle personne ils tenaient cette traite, et à qui ils en ont remis le montant, 260 fr. M. Pagot se réservant de poursuivre, même par les voies extrajudiciaires et correctionnelles, les personnes qui ayant reçu cette traite n'en ont pas remis le montant à M. Lejeune, qui a nié, ni à M. Pagot. Le dernier déclare qu'il n'a eu aucun compte avec MM. Poulenc et Wittmann. »

A cette sommation, Mme veuve Poulenc et son fils aîné répondent qu'en effet la traite leur a été négociée par Lejeune, et Pagot remercie Mme veuve Poulenc en ces termes :

Paris, le 20 février 1882.

« *Madame veuve Poulenc, propriétaire*
5, rue Barbette.

« Madame,

« Je reçois la déclaration que vous m'avez fait signifier par ministère d'huissier, au sujet de la traite de 260 fr. de M. le baron de Bressieux, laquelle niée par les époux Lejeune, vous a été remise par M. Joliot, leur successeur. J'ai été condamné, entre autres sommes, à payer ces 260 fr. à M. et Mme Lejeune.

« Permettez-moi de vous remercier du fond de mon cœur et au nom de ma très estimable femme de m'avoir donné ce renseignement. Vous me l'aviez dit de vive voix, cela me suffisait.

« J'ai fait ce que je vous ai dit; j'ai donné la plus grande publicité que j'ai pu au récit des faits dont je suis victime, c'est-à-dire que, volé et battu, j'ai crié : « Au vo-« leur, à l'assassin ! »

« J'ai déjà comparu devant le commissaire de police aux délégations judiciaires; cela ira plus loin, mais j'aurai justice.

« J'ai l'honneur d'être, respectueusement, Madame, votre très humble serviteur.

« Pagot. »

J'ose croire, qu'en présence de pareils documents, de pareilles preuves, les époux Lejeune sont qualifiés.

IX

L'affaire Danniaux.

Lejeune, convaincu d'indélicatesse, alors qn'il s'agit de 260 fr., comme dans l'affaire de Bressieux, cela se comprend encore, mais ici ce n'est plus qu'une misérable somme de *quarante-six francs soixante centimes* que l'ex-photographe de l'Empereur veut faire indûment payer à son homme d'affaires.

Est-ce le besoin ? Non. Lejeune a cinquante mille livres de rentes.

Est-ce une erreur? Lisez la correspondance, vous verrez si un oubli est possible.

Qu'est-ce donc alors? La haine, cette haine bourgeoise, cette haine étroite, mesquine, ne reculant devant aucuns petits moyens, haine de vieille femme, haine de bigote !

Je transcris la correspondance sans commentaire :

« *Lettre de M. Danniaux, juge au tribunal civil de Valenciennes, à Pagot.*

« Valenciennes, 18 août 1881.

« Monsieur,

« En réponse à votre lettre du 16 août, j'ai l'honneur de vous envoyer, sur votre demande, *la traite établie par Lejeune* à la date du 25 février 1874 et acquittée par moi lors de sa présentation le 31 mars suivant. Je crois y devoir joindre la lettre que Lejeune m'adressait le 25 février de la même année en réponse à celle que je lui avais écrite pour me plaindre qu'il m'eût fait réclamer le montant de sa créance par un agent d'affaires, alors que depuis longtemps et à diverses reprises je l'avais autorisé à disposer sur moi.

« Vous voudrez bien m'accuser réception des pièces que je vous communique, et me les renvoyer dès qu'elles ne vous seront plus nécessaires, car si, par impossible, il prenait fantaisie à Lejeune de me réclamer quoi que ce soit, je tiens à pouvoir lui opposer autre chose que la prescription acquise à mon profit.

« Recevez, etc.,

« *Signé :* EUG. DANNIAUX.

« Juge au tribunal civil de Valenciennes. »

Voici maintenant la lettre du 25 février, adressée par Lejeune à M. Danniaux :

« Paris, 25 février 1874,

« Monsieur,

« Je vous adresse toutes mes excuses au sujet des importunités dont vous avez été victime de la part de mes anciens employés s'occupant de faire rentrer mes créances.

« On a commis la faute de ne pas annoter sur mes livres votre lettre m'autorisant à tirer sur vous, ce mode de remboursement, qui nous est très rarement offert, a encore contribué à prolonger la faute que l'on commettait.

« J'ai plus de 60,000 francs de créances

photographiques datant de deux ans, trois ans et quatre ans qui me donnent les plus grandes difficultés pour leur rentrée, créances sur des familles de la plus haute société et qui m'ont laissé jusqu'à six et sept lettres sans réponse.

« La patience est à bout et je suis bien obligé de remettre ces créances dans les mains d'hommes d'affaires pour en finir d'une manière ou de l'autre.

« Pardon de ces détails, que j'ai cru devoir vous donner pour m'excuser ainsi que mes employés.

« Conformément à votre autorisation réitérée dans votre lettre du 18 courant, en réponse à celle de M. Pagot, chargé de mes recouvrements, j'ai l'honneur de vous donner avis que j'ai disposé sur vous en mon mandat au 31 mars prochain à mon ordre de la somme de 46.40, somme spécifiée dans votre lettre,

« Recevez, etc.,

« *Signé :* A. Lejeune.

« 22, rue de Choiseul, Paris. »

Armé de ces preuves, c'est-à-dire étant à même d'établir qu'il ne devait à Lejeune ni le recouvrement de Bressieux ni la traite Danniaux, quelle était la situation de Pagot ?

Il restait purement et simplement débiteur du montant des condamnations prononcées contre lui par M. Perrot de Chezelles, déduction faite des quelques centaines de francs pour lesquelles il était parvenu à prouver son innocence.

Triste résultat, il faut en convenir.

X

Aux Voleurs !

C'était la troisième chambre du Tribunal de la Seine, présidée par M. Perrot de Chezelles, qui avait rendu le jugement du vingt-cinq mai mil huit cent quatre-vingt-un.

Dans ce jugement, les magistrats n'avaient pas seulement condamné avec une légèreté inqualifiable, mais encore et surtout ils avaient interverti les rôles.

La loi veut que celui qui réclame une dette l'établisse, en fournisse la preuve.

Et le Tribunal avait dit à Pagot : « Prouvez que vous ne devez pas ! »

Que voulez-vous, quand le demandeur est millionnaire, on peut bien lui rendre ce petit service !

En présence de cette violation flagrante des principes fondamentaux du droit, la colère de Pagot contre le Tribunal qui venait de le ruiner est presque légitime.

Aussi comprend-on que le mercredi 25 novembre 1882, il se rende à l'audience de la troisième chambre et crie à ces bons magistrats apeurés sur leur siège :

« Il est donc plus difficile, en France, d'obtenir justice, que de prendre Malakoff. Je viens ici remplir un devoir de bon citoyen, en criant : « Aux voleurs ! »

Puis qu'en même temps, il lance sur le bureau du président ce long opuscule qu'il avait fait autographier et distribuer à un certain nombre d'exemplaires.

« *Lettre d'un Français à M. Perrot de Chezelles, président de la troisième chambre du Tribunal civil de la Seine.*

« Le 10 mai 1881, je fis remettre à votre domicile particulier une lettre dans laquelle je vous disais de m'entendre avant de prononcer un jugement. Je vous donnais assez d'explications pour faire naitre dans votre esprit la conviction de mon innocence.

« Vous avez encore reçu une autre lettre.

« Vous n'avez répondu ni à l'une ni à l'autre, et le 25 mai 1881 vous avez rendu un jugement signé de vous, de MM. Monsarrat et Taillefer juges, Cosmnoy substitut, qui m'a condamné à payer ce que je ne dois absolument pas et que mon adversaire a reçu et a nié en mentant à la justice, à des dommages et intérêts envers cet adversaire et vous avez ordonné l'exécution provisoire.

« Ce jugement est tout simplement une infamie. Vous avez donné la consécration légale à un vol commis à mon préjudice.

« Moi aussi, j'ai été juge ! Si jamais j'avais reçu une lettre comme celle que je vous ai écrite, ma conscience aurait eu un de ces assauts que la vôtre ne connaît pas.

« Vous n'avez pas lu les pièces qui vous ont été remises le 4 mai, et vous avez, en outre, édicté une peine qui n'est autre que la mort morale, l'exécution provisoire!

« Quand un criminel de la pire espèce est condamné à la peine capitale, le Président de la République lui fait grâce.

« Vous, vous avez mis aux mains de mon adversaire, celui qui me vole sous votre protection, une arme dont il a déjà su bien user, puisqu'il a donné l'ordre aux huissiers de saisir jusqu'au linge de ma femme, de mes enfants.

« Savez-vous que c'est la femme de mon adversaire, aujourd'hui veuve Lejeune, qui a donné à ma femme les renseignements qui l'ont décidée à se marier avec moi, et c'est cette veuve qui a donné l'ordre aux huissiers de tout saisir.

« Cette veuve a deux conseils : MM. Benoît-Lucy, avoué, et Lacoin, avocat. Ont-ils assez bien parlé pour obscurcir la cause et m'écraser? J'ai prévenu M. Benoît-Lucy. Il a fait comme vous, il n'a pas répondu.

« J'ai prévenu M. Cazot, ministre de la justice; il m'a fait répondre que cela ne le regardait pas.

« Je me suis adressé au président du conseil des ministres... Comme vous, pas de réponse.

« Je m'inspire donc de ma parfaite innocence et de l'indignation que vous m'avez mise au cœur.

« Je livre cette lettre à la publicité pour que vous sachiez bien que lorsque les ministres ne vous contrôlent pas, qu'il y a quelqu'un de plus grand qu'eux qui vous contrôle, qui? Les contribuables, ceux qui suent pour vous payer.

« Vous avez été juge aveugle et sourd. Vous m'avez traité non comme un Français, mais comme un chef de chiourme traiterait un forçat.

« Je crois, malgré vous, que les juges de France méritent la confiance que le meunier de Sans-Souci avait dans les siens.

« Je vous donne donc rendez-vous devant ces juges de France et devant l'opinion publique.

« Vous vous rappellerez alors que le procès que m'ont intenté les époux Lejeune, ex-photographes, propriétaires du château de Monte-Cristo, à Port-Marly (Seine-et-Oise), millionnaires, demandait un peu plus d'attention et d'équité de votre part, et vous n'accorderez plus si facilement créance à un expert qui eût mieux été à l'hôpital qu'à aider à égarer votre justice, qui s'y est prêtée de si bonne grâce.

« Pour vous édifier, je vous soumettrai, quand vous voudrez les lire, les pièces que vous n'avez pas lues et d'autres que je me suis procurées, non sans peine, pour démasquer le vol et la fausseté de votre jugement.

« J'ai l'honneur de vous saluer.

« Votre serviteur,

« Pagot,

« *Receveur de rentes*, 20, *rue Rossini.*

« Paris, 2 février 1882. »

Cette petite algarade fut, paraît-il, la cause de la mise à la retraite de M. Perrot de Chezelles, lors de l'exécution de la loi sur la magistrature, et je puis même affirmer que M. Grévy ne fut point étranger à cette juste mesure.

XI

Devant le juge d'instruction.

En outrageant les juges de la troisième chambre, Pagot avait commis le délit puni par l'article 22 du Code pénal, article ainsi conçu :

« *Lorsqu'un ou plusieurs magistrats de l'ordre administratif ou judiciaire, lorsqu'un ou plusieurs jurés auront reçu dans l'exercice de leurs fonctions, ou à l'occasion de cet exercice, quelque outrage par paroles, par écrit ou dessin non rendus publics, tendant dans ces divers cas à inculper leur honneur et leur délicatesse, celui qui leur aura adressé cet outrage sera puni d'un emprisonnement de quinze jours à deux ans.*

« SI L'OUTRAGE A EU LIEU A L'AUDIENCE D'UNE COUR OU D'UN TRIBUNAL, L'EMPRISONNEMENT SERA DE DEUX A CINQ ANS. »

Le délit était donc des plus graves, puisque le maximum de la peine correctionnelle, cinq années de prison, pouvait être appliqué.

Pagot fut immédiatement arrêté par les gardes du Palais de justice, écroué au dépôt de la préfecture et le soir même interrogé par M. Guillot, juge d'instruction.

Que se passa-t-il entre ce magistrat et Pagot ?

Voici une question à laquelle il faudra répondre devant le jury appelé à prononcer sur le sort du meurtrier de la rue de la Paix.

Peut-être l'avocat qui alors défendra Pagot, exigera-t-il du procureur général communication de la procédure dirigée par M. Guillot. Peut-être aussi y trouvera-t-on des choses étranges, contraires aux usages et aux lois.

Mais quelles que soient les pièces dressées même pour le besoin de la cause, on ne pourra contester que le lendemain même de son arrestation, Pagot était mis en liberté, lui qui s'était rendu coupable d'un délit si sévèrement réprimé.

Et le public, habitué à la sévérité, je dirais même à la dureté de messieurs les gens de robe, ne pourra moins faire que de se demander comment Pagot n'a été l'objet d'aucune poursuite.

Mais dès à présent, faisons connaître la cause réelle de cette débonnaireté excessive.

Pagot communiqua au magistrat instructeur les preuves qu'il avait recueillies des mains de MM. de Bressieux et Danniaux; il affirma que les sommes qu'il soutenait avoir versées entre les mains d'Adèle Poirier étaient inscrites sur le livre de caisse de celle-ci.

M. Guillot fit citer la caissière, lui ordonna de produire sa comptabilité, et sur ces livres tant demandés, on constata enfin que Pagot avait raison; qu'Adèle Poirier avait bien reçu les sommes qu'elle contestait hautement, même dans un acte authentique, avoir touchées.

Alors le magistrat poursuivit son information; il interrogea Mlle Lejeune, l'avocat de celle-ci, Me Lacoin, Mme veuve Poulenc, dont nous avons entretenu le lecteur dans un chapitre précédent, l'avoué Benoit-Lucy, Joliot, successeur de Lejeune, etc.

Et de ces interrogatoires, de ces dépositions, la vérité sortit lumineuse : Pagot ne devait rien !

En présence d'une aussi monstrueuse injustice, que pouvait faire le juge d'instruction ? Eviter un scandale, c'était le plus prudent, du reste c'était certainement conforme aux ordres du parquet.

C'est donc ce qu'il fit.

De nouveau il entendit Mme Lejeune et lui conseilla de réparer le préjudice causé à Pagot, lui faisant comprendre quelle honte rejaillirait sur elle et sur la mémoire de son mari, si leurs machinations infernales étaient dévoilées.

Et le juge ajoutait *in petto :* Que pensera le public des magistrats, des avocats, des avoués ayant trempé dans cette sale affaire ?

Enfin Mme Lejeune prit l'engagement d'indemniser Pagot.

Nous verrons plus loin si elle tint sa promesse.

Quant au résultat obtenu par Pagot, en criant « aux voleurs » dans le sanctuaire de Thémis, il fut considérable. Il resta établi qu'il ne devait rien, absolument rien à la dame Lejeune.

Telle fut la conséquence de ce premier acte d'énergie.

XII

A la Chambre des députés.

Mme Lejeune s'était engagée à indemniser Pagot.

Comment exécuta-t-elle l'engagement pris devant le juge d'instruction ?

Voici une lettre qui répond à la question :

« Paris, 6 janvier 1883.

« Monsieur Guillot,

« Lorsque je vous engageai ma parole, celle de ma femme et de mon fils, le 23 octobre 1882, je crus à une justice expéditive qui réparerait les ruines accumulées sur nous par le *vol légalisé* des Lejeune.

« Ces coupables ont trouvé devant la justice des délais qui me poussent aux abois.

« Par déférence pour vous qui avez été

on ne peut plus bienveillant, j'attendrai jusqu'au lundi 8, à cinq heures du soir.

« A ce moment, nous reprendrons notre parole.

« Agréer, etc.

« *Signé :* PAGOT. »

A cette lettre, aucune réponse ne fut accordée.

Pagot résolut alors d'avoir recours une seconde fois aux moyens violents, et surtout d'attirer sur lui l'attention publique.

Il va à la Chambre des députés, se place dans la petite tribune réservée aux personnes non munies de cartes, et, choisissant un instant d'accalmie, s'écrie :

« Messieurs,

« Je viens me mettre sous la protection des députés de mon pays.

« Je demande justice.

« J'accuse M. le président Perrot de Chézelles du tribunal de première instance de la Seine, de forfaiture, pour avoir rendu un jugement sans avoir lu les pièces, preuves de mon innocence, sans avoir voulu m'entendre.

« Mes adversaires, Lejeune et sa femme, millionnaires, propriétaires du château de Monte-Cristo, à Port-Marly, ont, depuis, avoué à M. Guillot, juge d'instruction, qu'ils m'avaient volé en mentant à la justice.

« De là à obtenir réparation, il paraît qu'il y a un abîme.

« J'ai l'honneur de vous prier de vouloir bien m'aider à le franchir.

« Lettres de cachet, Bastille. »

Encore une fois arrêté et conduit à l'infirmerie spéciale du Dépôt, c'est-à-dire enfermé avec les aliénés, il est de nouveau interrogé par M. Guillot et enfin le soir même rendu à la liberté.

Quelques jours plus tard il consulte le docteur Blanche, qui le déclare parfaitement sain d'esprit.

Passons au traité, conséquence de cette deuxième escapade.

XIII

L'avoué Benoît-Lucy et le traité Pagot-Lejeune.

En présence de l'énergie de Pagot, Mme Lejeune consent enfin, non pas à indemniser sa victime, mais à avoir l'air de lui venir en aide.

Elle charge Benoît-Lucy de rédiger une convention, mais il lui est bien recommandé de ne pas se presser; il faut que Pagot soit acculé à la dernière des misères, il le faut pieds et poings liés pour qu'il accepte et les termes de ce traité, qui doit avoir la forme d'un acte de bienfaisance, et l'indemnité ridicule qu'elle veut bien lui allouer.

De ce traité, transcrit plus loin, il ressort jusqu'à l'évidence que Mme Lejeune n'a point entendu réparer le mal; qu'elle n'a voulu qu'enchaîner Pagot, le faire taire, le bâillonner!

Elle lui constitue bien une rente viagère, mais cette rente doit prendre fin au décès de la dame Lejeune, car alors elle n'aura plus rien à craindre.

Elle veut au moins, en rendant l'âme, avoir la suprême jouissance de satisfaire sa haine !

En octobre 1882 elle s'engage devant le juge d'instruction à dédommager Pagot ; elle ne tient pas sa promesse; en mars 1883, sa victime fait un esclandre à la Chambre ; elle prend un nouvel engagement, et enfin, trois mois plus tard, elle signe le traité léonin qu'on va lire :

« Entre les soussignés :

« Mme veuve Lejeune, propriétaire, demeurant à Saint-Germain-en-Laye (Seine-et-Oise), rue Thiers, n° 5, d'une part;

« Et M. Gustave Pagot et Mme Marie Lætitia Savoureau, son épouse, de lui assistée et autorisée, demeurant ensemble à Paris, rue Rossini, n° 20, d'autre part;

« A été exposé et convenu ce qui suit

« M. Lejeune, ancien photographe à Paris, a chargé M. Pagot, en 1874, des recouvrements qui restaient à opérer après la vente de son fonds, moyennant une commission de dix pour cent pour les recouvrements en France et de vingt-cinq pour cent pour les recouvrements à l'étranger, et de plusieurs affaires contentieuses.

« En 1878, il introduisit contre M. Pagot une instance en reddition de compte, sur laquelle est intervenu, après expertise et interrogataire sur faits partiels, un jugement de la troisième chambre du tribunal civil de la Seine, en date du vingt-cinq mai 1881, qui a condamné M. Pagot à payer à M. Lejeune une somme de trois mille cinq cent cinquante et un francs 15 c. et à trois cents francs de dommages-intérêts avec exécution provisoire et dépens.

« Ce jugement a été frappé d'appel par M. Pagot et l'instance est actuellement pendante devant la cour de Paris.

« Mme Lejeune reconnait que des erreurs matérielles se sont glissées dans le rapport de l'expert et dans le jugement; et le compte qu'elle a fait dresser par un comptable sur les pièces qu'elle a entre les moins et sur les documents fournis par M. Pagot lui-même, s'élève à la somme de deux mille six cents huit francs 25 centimes.

« De son côté, M. Pagota dressé un compte qui ne se monte qu'à la somme de onze cent quarante-deux francs 10 centimes.

« Il y a lieu de déduire, dans les deux cas, la somme de neuf cent vingt-sept francs versée antérieurement au jugement du 25 mai 1881 par M. Pagot; de sorte que ce dernier reste débiteur, dans le premier cas, de seize cent quatre vingt un francs vingt-cinq centimes, et dans le deuxième de deux cent quinze francs 10 centimes, sauf imputation à faire dans les termes de droit.

« Les parties n'ayant pu semetttre d'accord sur le compte, maintiennent leurs prétentions respectives, sans recommencer une discussion devenue inutile et sans objet, à raison de la remise de dette qui va être consentie au profit de M. Pagot, lequel est resté débiteur de Mme Lejeune et n'a jamais été créancier ni d'elle ni de son mari.

« M. Pagot regrette vivement les lettres qu'il a répandues à Port-Marly, à Marly-le-Roy, à Saint-Germain, à Paris, à trois époques différentes contre M. et Mme Lejeune.

« Il s'engage envers Mme Lejeune, si elle consent à lui venir en aide :

« 1° A se désister de l'appel, devenu inutile, Mme Lejeune renonçant, de son côté, au bénéfice du jugement du 25 mai 1881.

« 2° A ne jamais faire aucune demande, lettres, visites ou demandes d'argent, en un mot à ne faire aucun acte quelconque qui puisse troubler la tranquillité de Mme Lejeune.

« M. Pagot prend le présent engagement tant en son nom personnel que pour son fils mineur, actuellement âgé de dix-huit ans et demi, comme étant né le 16 octobre 1864, ainsi que M. Pagot le déclare, et s'oblige à rapporter à Mme Lejeune la ratification de la présente convention faite par ce dernier dans le mois de sa majorité. Faute de ratification dans ledit délai, l'engagement pris par Mme Lejeune dans les articles 4 et 5 ci-après sera considéré comme nul et non avenu, sans qu'il soit besoin d'aucune mise en demeure.

« Mme Pagot prend en ce qui la concerne le même engagement que son mari, solidairement avec lui, à la ratification qui sera donnée par M. Pagot fils à la présente convention, en portera la même solidarité en ce qui la concerne.

« En considération des déclarations et engagements qui précèdent, et de la situation de M. et Mme Pagot, Mme Lejeune fait avec eux les conventions suivantes :

« Article premier

« Mme Lejeune renonce au bénéfice du jugement rendu le 25 mai 1883, et fait remise à M. Pagot de la somme qu'il lui doit. Ce dernier, de son côté, se désiste de son appel et entend qu'il soit considéré comme nul et non avenu.

« Art. 2

« Mme Lejeune consent à supporter les frais de ses avoués de première instance et d'appel et à faire l'avance des frais dus à Mes Fabignon et De Laporte, avoués de M. Pagot. Les sommes ainsi versées en l'acquit de ce dernier seront imputables à raison de vingt-cinq francs par trimestre, à partir du 1er septembre prochain jusqu'à extinction, sur la rente stipulée dans l'art. 5 ci-après.

« Art. 3

« Mme Lejeune a versé à M. Pagot, qui le reconnaît, et lui en donne quittance, 3,000 fr. destinés à faire face aux frais de premier établissement d'un commerce qu'il se propose d'entreprendre.

« Art. 4

« Dans une année de ce jour, c'est-à-dire le 1er juin 1884, Mme Lejeune versera à M. Pagot un capital de 1,000 francs, et dans deux ans de ce jour, soit le 15 juin 1885, pareille somme de 1,000 francs.

« Art. 5.

« Enfin madame Lejeune constitue sur *sa tête* à elle, et sur la tête de M. Pagot, une rente annuelle et viagère de six cents francs, payable par trimestre, les premier mars, juin, septembre et décembre de chaque année, pour le premier payement avoir lieu le premier septembre prochain et continuer de trimestre en trimestre jusqu'à l'extinction de la rente, qui arrivera par le décès du premier mourant de Mme Lejeune ou de M. Pagot.

« Art. 6.

« Les versements stipulés dans les articles 4 et 5 qui précèdent sont expressément subordonnés à la stricte et fidèle exécution par M. et Mme Pagot et M. Pagot fils de la présente convention.

« Par suite, toute infraction de leur part ou de celle de l'un d'eux aux stipulations y contenues et aux obligations contractées par eux, telles que menaces, visites, envois de lettres ou de circulaires, pouvant porter atteinte à la tranquillité, à la sécurité ou à la réputation de Mme Lejeune, entraînerait de plein droit la suppression immédiate du service de la rente et du payement du capital qui resterait encore à verser et ferait revivre la créance de Mme Lejeune, ainsi que tous ses droits et actions contre M. Pagot tant au point de vue civil qu'au point de vue correctionnel, et les versements faits à titre gratuits par Mme Lejeune seraient considérés comme sans cause et par suite immédiatement restituables.

« ART. 7.

« Les sommes stipulées ci-dessus seront payables en l'étude de Me Fabignon, avoué à Paris, rue de la Chaussée-d'Antin, 12, ou de son successeur.

« Elles ne seront payables qu'à M. Pagot lui-même ou à la personne qui sera porteur de son autorisation écrite et d'un certificat de vie de M. Pagot, lequel restera aux frais de ce dernier.

« Art. 8.

« L'enregistrement des présentes sera à la charge de celle des parties qui y donnera lieu.

« Fait en autant d'originaux que de parties intéressées, sur une feuille d'un franc vingt centimes et une feuille de soixante centimes, à Paris, le six juin mil huit cent quatre-vingt-trois, pour M. et Mme Pagot, et à Saint-Germain-en-Laye (Seine-et-Oise) le même jour six juin mil huit cent quatre-vingt-trois, pour Mme Lejeune.

« Signé, etc., etc. »

C'est en signant ce traité, rédigé sous une forme indigne d'un légiste sérieux, que l'inimitié que Pagot avait vouée à Benoît-Lucy se change définitivement en désir de vengeance.

Que celui qui n'a jamais eu affaire à certains hommes de loi lui jette la première pierre !

Balzac a chanté l'avoué, il l'a comparé au diplomate; il l'a montré fin, rusé, adroit, mais il a oublié de le dépeindre défendant les intérêts d'un fripon.

Figurez-vous certains hommes de robe, à la face chafouine, au teint pâle, à l'œil cireux et clignotant sous le binocle, aux petites arguties sifflant entre des lèvres minces, les moustaches absentes, laissant voir des mandibules d'une propreté douteuse, le cœur ossifié, restant sourd aux prières, et avec tout cela un rictus moqueur et dédaigneux!

Figurez-vous en face d'un type semblable — type d'homme généralement pleutre et lâche — un ancien soldat habitué à la franchise, demandant grâce pour sa femme et ses enfants, et alors vous comprendrez la colère de Pagot, et alors peut-être direz-vous... j'en aurais fait autant.

XIV

Vengeance.

Depuis six mois, Pagot, poussé par le besoin, un peu sur la prière de sa femme et de son fils aîné, avait signé ce malheureux traité.

Chaque jour il s'apercevait combien était grande sa faute.

Il n'était plus jeune — cinquante-sept ans ; il avait perdu sa clientèle, son cabinet s'était fondu. Comment se créer une nouvelle position ? La vieillesse inspire si peu de confiance !

Il lui fallait pourtant faire vivre les siens. Sa femme malade, lui-même d'une santé chancelante, un enfant de cinq ans à élever, un autre de dix-neuf ans à lancer dans une carrière quelconque, des dettes criardes à payer, telles étaient les misères présentes.

Et l'avenir était plus sombre encore.

Il résolut alors de se venger.

Et il résolut cela froidement.

Il avait le choix.

Trois personnes étaient cause de sa ruine.

Mme Lejeune. — Une femme, fi donc!

L'ex-président Perrot de Chezelles. — C'était peut-être le moins coupable des trois. Peut-être s'était-il trompé.

L'avoué Benoît-Lucy. — Quant à ce robin, vingt fois il lui avait dit, il lui avait prouvé, pièces en main, qu'il ne devait rien à sa cliente. Il l'avait prié, supplié; mais celui-ci, avec ce calme des gens s'engraissant des misères d'autrui, l'avait repoussé.

Et alors Pagot le choisit.

Le procureur serait la victime qui payerait pour tous.

Il acheta un revolver et se rendit à son étude.

C'était le 29 décembre 1883.

Benoît était occupé.

Il l'attend quelques minutes, et enfin est admis dans son cabinet.

Que se passa-t-il entre les deux hommes ?

C'est ce que nous saurons lors de la comparution de Pagot devant la cour d'assises.

XV

La Perquisition de la rue de la Pompe.

Cinq jours après le crime, le 3 janvier, un commissaire de police se rendait au domicile de Pagot, rue de la Pompe, 140, à Passy, et, à la sourdine, sans prévenir personne, enlevait tous les papiers appartenant à l'accusé.

Or, voici la loi qui régit les perquisitions faites par la justice dans le domicile d'un accusé ou prévenu :

CODE D'INSTRUCTION CRIMINELLE

« ARTICLE 37.

« *S'il existe dans le domicile du prévenu des papiers ou effets qui puissent servir à conviction ou à décharge, le Procureur du Roi en dressera procès-verbal et se saisira desdits effets ou papiers.*

7.

« Article 38.

« *Les objets saisis seront clos et cachetés, si faire se peut, ou s'ils ne sont pas susceptibles de recevoir des caractères d'écriture, ils seront mis dans un vase ou dans un sac, sur lequel le Procureur du Roi attachera une bande de papier qu'il scellera de son sceau.*

« Article 39.

« *Les opérations prescrites par les articles précédents seront faites en présence du prévenu, si il a été arrêté, et s'il ne veut ou ne peut y assister, en présence d'un fondé de pouvoirs qu'il pourra nommer.*

« *Les objets lui seront présentés à l'effet de les reconnaître et de les parapher, s'il y a lieu, et, au cas de refus, il en sera fait mention au procès-verbal.* »

En comparant la loi à la conduite du commissaire de police, un M. Dupouy, paraît-il, on est autorisé à se demander si cet officier de police n'avait pas un but criminel.

Plus tard, lorsque Pagot aura la liberté de se défendre, lorsqu'il apprendra qu'un commissaire de police a enlevé sans inventaire des pièces utiles à sa justification, nous apprendrons aussi pourquoi cette perquisition déloyale, et nous saurons si le million de Mme veuve Lejeune n'a pas été le *Deus ex machina* de cet acte coupable.

XVI

Un dernier mot.

Dans ce livre, n'ayant voulu qu'exposer les faits, je n'ai pas à conclure. Du reste, l'épilogue de ce drame appartient à la justice souveraine du jury.

Mais avant de livrer ces feuillets à la composition, je tiens à protester contre un usage barbare suivi par les magistrats en général et particulièrement par M. Guillot, juge d'instruction.

Ce magistrat n'a-t-il pas fait appeler Mme Pagot, et, abusant de sa faiblesse de femme, ne l'a-t-il pas fait déposer? Ne lui a-t-il pas fait subir un long interrogatoire?

N'a-t-il pas fait appeler le fils de Pagot, un tout jeune homme encore adolescent, et ne lui a-t-il pas posé des questions tendant à accuser son père?

Quoi ! messieurs à longue robe, votre justice est donc si peu puissante que vous soyez réduits à chercher des preuves chez l'épouse, chez l'enfant !

Et à l'audience, vous viendrez jeter à la face de cet accusé les dépositions, peut-être les accusations de ces êtres chéris.

Cela n'est plus de la justice, messieurs, c'est de la déloyauté !

J'ai lu quelque part dans Taine une belle apologie de la magistrature anglaise, et je souhaite, pour l'honneur de mon pays, qu'un jour un écrivain d'outre-Manche puisse se faire le panégyriste de nos juges français.

Et je fais ce souhait de tout cœur.

XVII

Pronostics.

Dans le courant d'avril, Pagot passera devant la cour d'assises de la Seine.

Le jury prononcera son acquittement aux applaudissements de l'auditoire.

Quelques mois après, sans tambour ni trompette, Benoît-Lucy démissionnera en faveur d'un jeune nourrisson de Thémis.

Avant que l'année 1884 ait rendu sa dernière heure au passé, un débiteur peu endurant assommera un huissier surpris en flagrant délit de vol à l'état de frais.

L'instruction du procès fera découvrir l'origine de la dette : l'achat d'une boite à ordures ménagères dans la maison recommandée par M. le Préfet Poubelle.

Enfin, le 1er janvier 1885 sera marqué par un suicide sans précédent dans les annales du reportage parisien.

Un président pris de remords se précipitera dans la Seine du haut du Pont-Neuf. Avant de faire le suprême plongeon, il recommandera son âme à Dieu, mais les spectateurs lui répondront de la berge : « T'y fie pas Nicolas ! »

Amen.

MARC LAPIERRE

PIÈCES JUSTIFICATIVES

Le matin même du crime, Pagot a adressé au *Petit Bisontin*, journal auquel il collaborait, la lettre suivante :

« *Monsieur Thiriet, directeur du journal le* PETIT BISONTIN, *à Besançon (Doubs).*

« MONSIEUR,

« Cette lettre vous arrivera en même temps que les journaux qui relateront ce que je viens de faire. Il est malheureux que, dans notre pays, un Français volé, ruiné par des intrigants millionnaires qui, avec l'assistance d'un avoué et d'un avocat complices, ont pu faire légaliser leur vol par M. Perrot de Chézelles, président de la 3e chambre du tribunal civil de la Seine, il est malheureux qu'il ne puisse obtenir justice.

« J'ai déployé une énergie extraordinaire. Ce n'était pas assez. Il faut le scandale pour que la justice se dérange.

« Mes articles sur la magistrature n'étaient que le récit de mon affaire.

« Le grand jour de la cour d'assises mettra en lumière bien des turpitudes. Je me suis prêté à tous les compromis pour ménager la justice, elle m'a lâchement abandonné pour me livrer à la misère avec ma femme et mes enfants.

« Vous me ferez plaisir en déclarant dans votre journal que vous me savez sain d'esprit, vous pouvez ajouter et de corps.

« Je reprendrai mes articles aussitôt que possible. J'envisage toutes les conséquences de mon acte et vous dis à bientôt !

« Je vous renouvelle, Monsieur, mes chaleureuses cordialités.

« Pagot,

« 140, rue de la Pompe. »

***

Le surlendemain du jour où la version exacte avait été insérée dans les journaux boulevardiers, le *Soleil* publiait ce démenti indirect.

En le lisant, on peut juger quelle créance il faut accorder aux informations de cet insipide organe :

« L'instruction de l'affaire Pagot suit son cours.

« M. Laurent Athalin, juge d'instruction, a déjà entendu plusieurs témoins et les renseignements très précis qui nous sont fournis démentent la légende créée par certains journaux.

« Pagot était homme d'affaires et il s'était occupé des intérêts d'une dame Lejeune.

« Cette dame l'avait chargé de faire des recouvrements et Pagot n'avait pas rendu ses comptes,

« Il avait été nécessaire de l'assigner devant le tribunal de commerce et un expert avait été nommé pour examiner les comptes que Pagot devait présenter.

« Pagot alors interjeta appel et entama contre Mme Lejeune une campagne de vexations et d'intimidations, on pourrait dire de chantage, qui eut pour résultat d'amener sa créancière à lui donner de l'argent et même à lui consentir une rente viagère.

« L'avidité de Pagot ne fut pas encore satisfaite; il recommença ses entreprises, voulut obtenir un supplément de rente, et comme Mme Lejeune résistait sur les conseils de son avoué, il se rendit chez celui-ci et lui tira cinq coups de revolver.

« Telle est l'affaire qui est, comme on voit, des plus simples. »

***

Je crois utile de transcrire le jugement rendu sous la présidence de M. Perrot de Chezelles. Les jurisconsultes y puiseront la preuve de ce qu'ils n'ignorent certainement pas : c'est qu'il est facile de donner une apparence de légalité à ce qui est injuste et inique :

« RÉPUBLIQUE FRANÇAISE »

« Au nom du Peuple Français,

« Le tribunal civil de 1re instance du département de la Seine séant à Paris au Palais de justice, a rendu en l'audience publique de la 3e chambre le jugement dont la teneur suit :

« AUDIENCE DU 25 MAI 1881.

« Entre M. Augustin-Aimé Lejeune, propriétaire, demeurant au château de Monte-Christo, commune de Port-Marly (Seine-et-Oise). Demandeur comparant et concluant et plaidant par Me Lacoin, avocat, assisté de M. Benoit-Lucy, avoué.

« D'une part,

« Et M. Pagot, receveur de rentes, demeurant à Paris, rue Blanche, 52. Défendeur comparant, concluant et plaidant par M. Volait, avocat, assisté de M. Delaporte; avoué.

« D'autre part,

« Point de fait : M. Lejeune allègue, etc.

. . . .

« Par acte du palais en date du 26 avril 1881, M. Pagot a signifié des conclusions dans lesquelles il allègue qu'il résulte tant des faits constatés au rapport de l'expert que dans l'interrogatoire sur faits et articles de M. Lejeune que M. Pagot a remis à ce dernier dans le cours des années 1874 et 1875 des comptes partiels, et plus tard au mois de septembre 1876 le relevé général de ses comptes arrêtés à cette date ledit relevé approuvé par M. Lejeune en avril 1878;

« Qu'aucune négligence n'a été apportée par M. Pagot dans le recouvrement de créances la plupart désespérées et remontant presque toutes à une période de 1868 à 1874;

« Qu'ainsi les énonciations de Lejeune et sa demande de dommages intérêts sont absolument dénuées de fondement;

« Que le compte de recouvrement postérieur au compte approuvé en 1878 a été fourni par M. Pagot en juillet 1878, qu'il a été contesté et a donné lieu à un travail assez considérable qui a été entravé par le refus de M. Lejeune et de son représentant, M. Bauche, de se réunir avec M. Pagot et d'examiner le compte et à l'aide des livres de M. Lejeune et des documents fournis par M. Pagot;

« Que dans ces conditions ce travail ne pouvait aboutir;

« Qu'il a donc fallu recourir à la justice et à une expertise;

« Que là, M. Pagot n'a pu obtenir davantage la présence de M. Lejeune et l'apport de ses livres pour vérifier contradictoirement les comptes fournis par M. Pagot.

« Qu'il a même été nécessaire, en présence des conclusions du rapport d'expert, à un interrogatoire de M. Lejeune, qui a confirmé les faits énoncés par Pagot;

« Que M. Pagot n'a cessé de reconnaître que ses comptes pouvaient être, comme tous comptes, redressés pour cause d'erreurs ou d'omissions, mais que, hors ce cas, aucune modification ne pouvait être apportée à leurs énonciations ni aux conventions d'entre les parties, ce que l'expert a complètement perdu de vue ;

« Qu'il y a lieu de redresser le rapport ainsi qu'il suit :

« § I. — Intitulé Recouvrements.

« Qu'il y a lieu de déduire de.	7.865 70
dont l'expert rend M. Pagot responsable, celle de..............	1.666 40
« Reste.....	6.699 30

« Ladite somme de 1,166.40, ainsi qu'il suit :

« 1° M. de Bernard, touché par M. Lejeune suivant son avis.	30 »
« 3° M. de Romeuf...........	36 »
« 3° M. Du Cray, reçu directement par Lejeune..............	200 »
« 4° M. Danniaux, traite payée	
A reporter......	99 »

Report.....	99 »
par lui à M. Lejeune...........	46 40
« 5° M. de Bressieux, traite payée à M. Lejeune............	260 »
« 6° M. de Frias, portée remise à M. Lejeune dans le compte partiel du 10 août 1874, relevé au compte général de septembre 1876	400 »
« 7° M. de Chévigné, portée touchée par M. Lejeune au compte de juillet 1878..........	24 »
« 8° M. Morgan portée touchée par M. Lejeune au compte de juillet 1878, touchée de MM. Drexel et Karjes le 8 octobre 1875........................	170 »
« Total.....	1.166 40

« Qu'ainsi la somme dont M. Pagot reste comptable de ce chef s'élève à 6,699.30; que ce redressement résulte des comptes approuvés par M. Lejeune et de plus des pièces produites par M. Pagot qui contredisent formellement la dénégation de

M. Lejeune dans les premières questions de son interrogatoire;

« Que l'expert, d'autre part, ne porte pas au crédit de M. Pagot toutes les sommes versées par lui à M. Lejeune;

« Qu'il y a lieu d'ajouter la somme de 3,331.20 à celle de 1,104.70, sommes versées à tort par l'expert, ce qui porte à 4,435.90 le crédit de M. Pagot;

« Que pour contester ces remises, l'expert prétend que les comptes partiels qui les mentionnaient en 1874 n'étaient que de simples notes devant fournir les éléments d'un compte général et que M. Pagot devrait représenter les reçus;

« Que Lejeune, allant plus loin prétend non seulement la même chose, mais de plus que le compte général de 1876 contenant le relevé de ces comptes partiels n'était lui-même qu'une simple note, mais que M. Lejeune en recevant d'abord les comptes particuliers avec cette mention : Je remets à *M. Lejeune*, reconnaissait par là la véracité des mentions y inscrites;

« Que de plus, il a approuvé le compte général à lui remis, deux ans après, en 1876 et qu'il a gardé et examiné jusqu'en 1878, date à laquelle le compte a été approuvé ;

« Qu'interrogé sur ce fait il a répondu qu'il n'avait pas protesté contre ces indications; l'expert est en contradiction avec les documents qui lui ont été remis et M. Lejeune avec lui-même, et que l'on ne pourrait s'opposer au redressement ci-dessus.

« Sur le paragraphe 2, intitulé :

AFFAIRES DIVERSES

« Que c'est à tort que l'expert a réduit le chiffre des honoraires accepté par M. Lejeune lors de la remise des comptes susdits, qu'il y a donc lieu d'établir ainsi cette partie des comptes d'honoraires et déboursés, etc., etc.

. . . .

« Le Tribunal ouï en leurs conclusions

et plaidoiries Lacoin, avocat, assisté de Benoit-Lucy, avoué de Augustin-Aimé Lejeune; Volait, avocat assisté de ses con-Delaporte, avoué de Pagot, ensemble en clusions, M. le substitut de M. le procureur de la République, après en avoir délibéré conformément à la loi, jugeant en premier ressort;

« Attendu qu'au commencement de l'année 1874, Lejeune a chargé Pagot de recouvrer pour lui des factures de photographies;

« Attendu que Pagot devait percevoir 10 0/0 d'honoraires sur les factures à recouvrer en France et 25 0/0 sur les factures à recouvrer à l'etranger;

« Attendu que le 5 septembre 1878, Lejeune a mis Pagot en demeure de lui rendre un compte régulier et de lui restituer les factures impayées;

« Attendu qu'un jugement avant faire droit rendu par cette chambre le 19 juillet 1879 a commis Rivet, expert teneur de livres à l'effet d'établir le compte en question, lequel Rivet a été remplacé par Rincé, suivant une ordonnance du 20 janvier 1881;

« Attendu que du rapport dressé par Rincé le 17 avril de ladite année, il résulte que Pagot a recouvré en France, 6,046 fr. 70 de factures, et 2,466 francs à l'étranger: 8,512 fr. 70 au total, sur laquelle somme il y a lieu de déduire 645 fr. remis directement à Lejeune par divers clients, reste au débit de Pagot de ce chef, 7,865 fr. 70.

« Attendu que Pagot, ayant versé en espèces 2,110 fr. à Lejeune et ayant droit à 1,221 fr. 20 d'honoraires, demeure ainsi devoir 4,534 fr. 50;

« Attendu que le défendeur a traité en outre pour Lejeune diverses affaires à l'occasion desquelles il a encaissé 606 fr. 20, et que l'expert a alloué de ce chef aussi largement que possible, dit-il, pour frais et honoraires, 662 fr. à Pagot, lequel a accepté cette attribution;

« Attendu qu'ici Pagot demeure créditeur de 55 fr. 80, à déduire des 4,534 fr. 50 sus-mentionnés, de sorte que sa dette serait ainsi de 4.478 fr. 70;

« Attendu, enfin, que Pagot ayant versé au commencement de l'année 1880 une somme de 927 fr. 55 au demandeur, celui-ci est en définitive créancier de 3,551 fr. 15;

« Attendu que Pagot élève sur le rapport de l'expert diverses contestations, mais qu'il ne les justifie pas, déclarant au surplus ledit Pagot ne posséder, bien que agent d'affaires et de recouvrement, ni livre de caisse ni livres de comptabilité quelconques ;

« Attendu que Lejeune réclame 6,000 fr. de dommages-intérêts au défendeur pour négligence et retard dans l'exécution de son mandat et encore pour n'avoir pas porté dans ses notes et comptes partiels un certain nombre de recettes dont plusieurs avaient été opérées depuis longtemps ;

« Attendu que, par ses agissements irréguliers, Pagot a causé à Lejeune un préjudice que le Tribunal a des éléments d'appréciation suffisants pour chiffrer à 300 fr.

« *Par ces motifs*, entérinant en tant que besoin le rapport de Rincé, expert, condamne Pagot à payer à Lejeune : 1° la somme de 3,551 fr. 15 avec les intérêts à compter du 5 septembre 1878; 2° à titre de dommages-intérêts la somme de 300 fr.;

« Et attendu qu'il s'agit de reddition de compte, ordonne l'exécution provisoire du présent jugement, nonobstant appel et sans caution; condamne Pagot aux dépens, y compris les frais de jugement, interlocutoire et de l'expertise, et dont distraction au profit de Benoit-Lucy, avoué, qui l'a requis sous l'affirmation de droit, *Signé :* Perrot de Chézelles et Morel.

« Fait et jugé par MM. Perrot de Chézelles, président, Monsarrat et Taillefer, juges; en présence de M. Commoy, substitut, assisté de Morel, greffier. Le mercredi 25 mai 1881, etc., etc.

. . . .

. . . .

FIN DES PIÈCES JUSTIFICATIVES

TABLE

Paris. — Imp. Nouv. (Assoc. ouvr.), Masquin, dir., 11, rue Cadet — 152[illegible]

www.ingramcontent.com/pod-product-compliance
Ingram Content Group UK Ltd.
Pitfield, Milton Keynes, MK11 3LW, UK
UKHW020341230726
13925UKWH00003B/903